Solo Cello

DOUBLE CONCERTO

Duet No. 1

ass

9/17/2010

Part One

111
D
mp
114
117
120
mp
E
p
124
130
F
14
G
Hn. 1

150
Tbn. 1
158
H
mf
162
166
170
I
174
J
sim.
mf
179
186
K
mf
191
dim.
p

196
mf
(2)
(3)
202
(4)
(5)
(6)
L
(7)
(8)
212
216
220
M
224
228
N
233
242
poco cresc.
f
249
O
10

Fl. 1
262
268
P
f
272
mp
277
Q
283
288
6
pp
6
pp

Duet No. 2

♩ = 68
304
p
309
314
A
319
324
mf
dim.
p
mf
330
dim.
p
B
mp
f
335
p
mp
f
339
p
mp
343
C
347
rit.

Part Two

♩ = 80
350
mp
2
mp
2
A
358
mp
364
369
B
374
7
C
6
Vn. I
390
395
D
400
E
mf
2
mf
405
2
F
mf

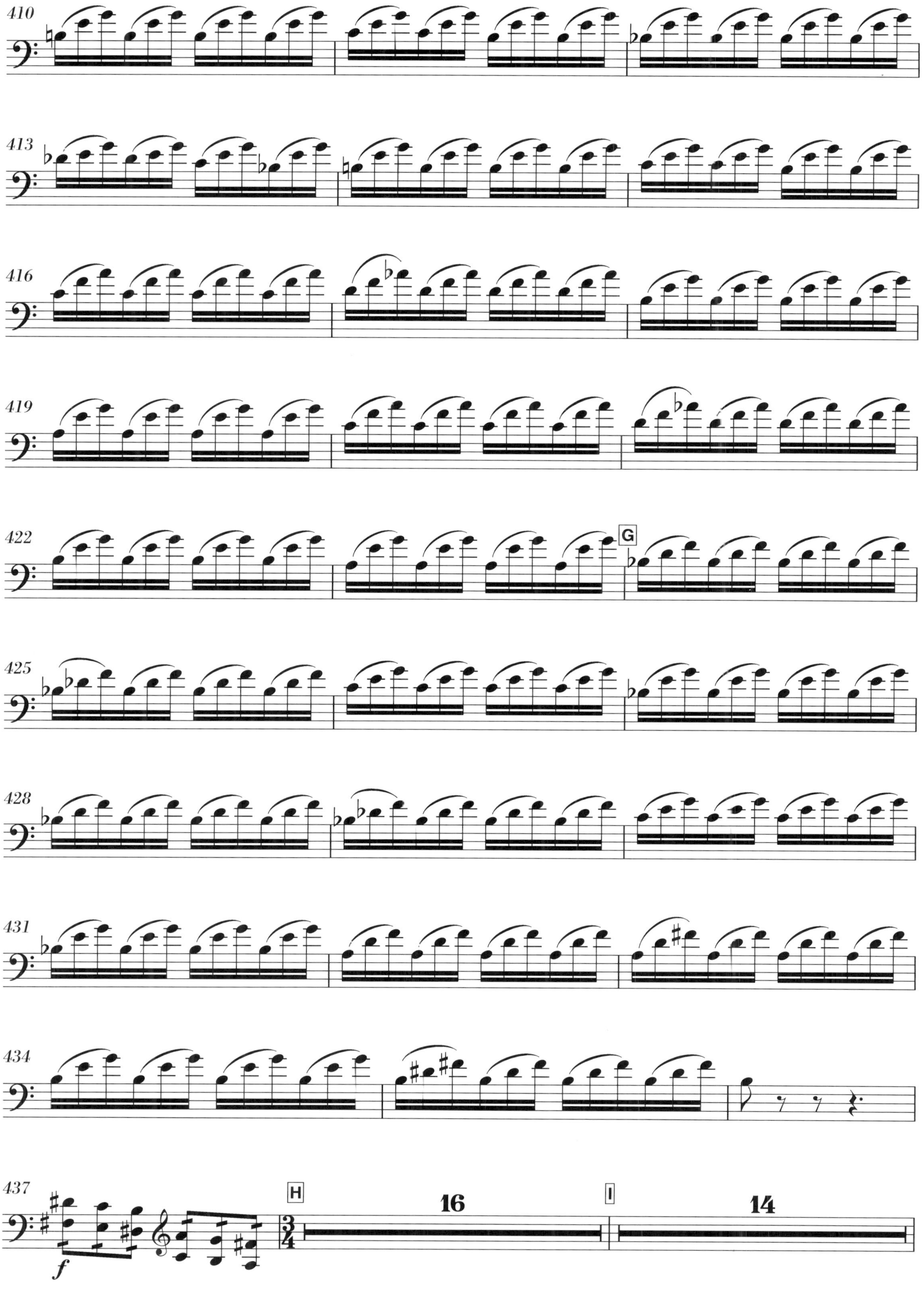
410
413
416
419
422
G
425
428
431
434
437
f
H
3
4
16
I
14

468
Fl. 1
J
Più mosso ♩ = 112
8
479
K
484
489
L
494
500
M
504
507
510

513
516
N
rit.
f
mf > mp
mf > mp
526
O
Meno mosso ♩ = 74
mp
530
534
538
P
542
548
Q
552
rit.

Duet No. 3

♩ = 112
poco rit.
a tempo
556
2
2
4
A
mp
567
mf
573
mp
B
580
589
C
mf
595
600
mf
f
mf
608
D
f
612
616

E
620
624
628
ff

Part Three

632
= 160
12
A
8
Hn. 1
655
Snare Drum
660
B
(1)
(2)
(3)
(4)
mf
664
(5)
(6)
(7)
(8)
668
(9)
(10)
(11)
(12)
672
(13)
(14)
(15)
(16)
676
C
4
mf
D
4

688
mf
E
f
693
697
700
F
702
704
706
709
G
8
Tpt. 1
721

727
H
f
(1)
(2)
(3)
(4)
731
(5)
(6)
(7)
(8)
735
I
(9)
(10)
(11)
(12)
739
(13)
(14)
(15)
(16)
743
J (in 3s)
f
748
K
753
757
L
8

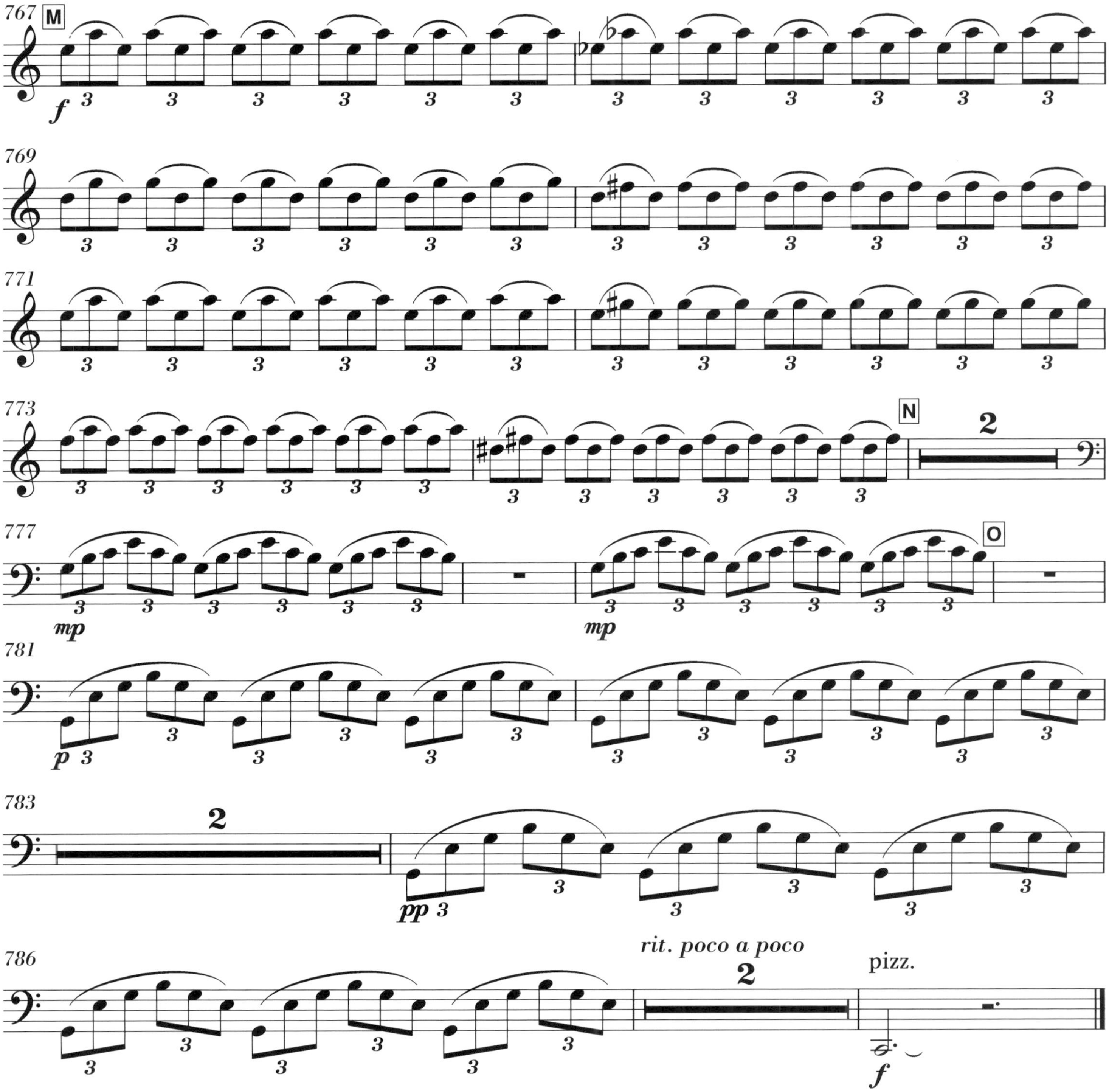
767
M
f
769
771
773
N
2
777
mp
O
781
p
783
pp
786
rit. poco a poco
pizz.

Duet No. 4

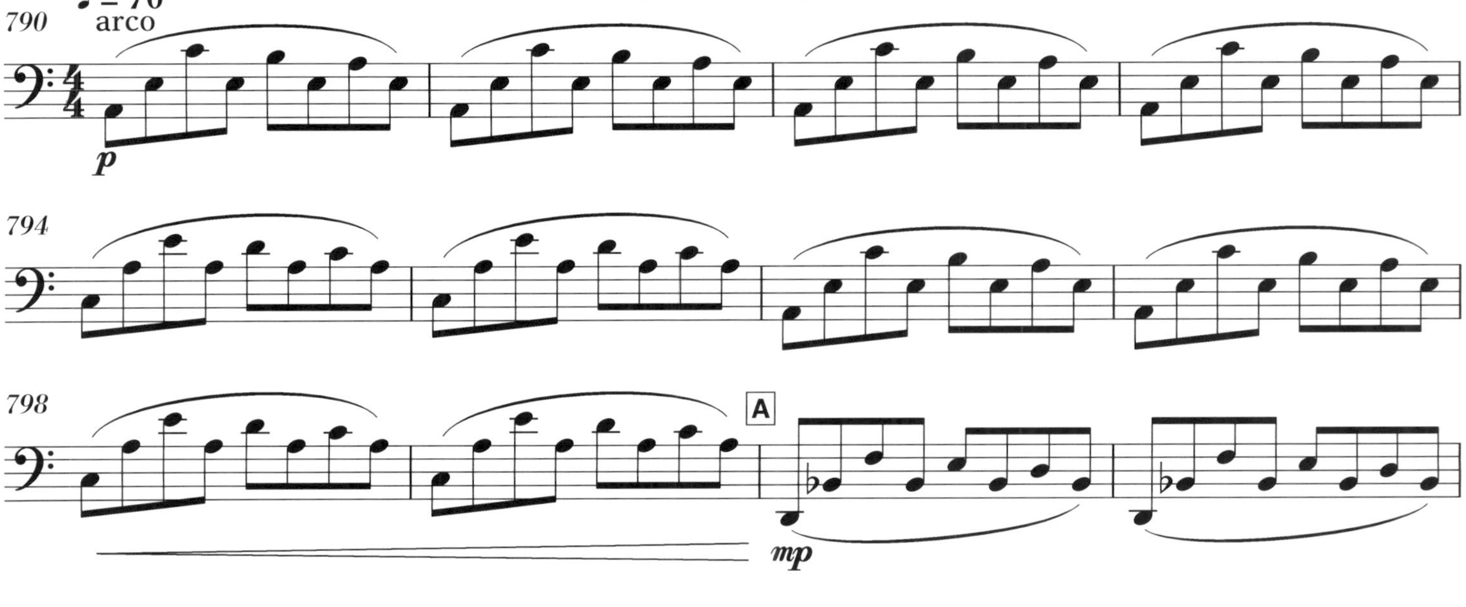
♩ = 70
arco
790
p
794
798
A
mp

802
mf
mp
806
mf
mp
810
mf
814 B
mp
816
poco rit.
mf
mp
A tempo ♩ = 70
818 C
p
p
822
p
826 D
829
832
E
pp
pp